Heinz-Detlef Scheer

25 beliebte Mythen zum Thema Coaching

… und die nackte Wahrheit

AF211424

Bibliografische Information der Deutschen Nationalbibliothek

Die Deutsche Nationalbibliothek verzeichnet diese Publikation in der Deutschen National-bibliografie; detaillierte bibliografische Daten sind im Internet über dnb.d-nb.de abrufbar.

Idee und Text: Heinz-Detlef Scheer

Titel-Zeichnung: Anke Reimann

Herstellung und Verlag: Books on Demand GmbH, Norderstedt

Printed in Germany

ISBN 978-3-8391-0558-0

Autor

Dipl.-Psychologe Heinz-Detlef Scheer ist Trainer, Coach und Autor und beschäftigt sich vor allem mit Führungskräften und Ingenieuren. Seit einigen Jahren hat er sich neben Training und Beratung von Führungskräften auf das Coaching von Hochbegabten spezialisiert (*Wie ich werde, was ich bin. (Selbst-)Coaching für hochbegabte Erwachsene*, MV-Wissenschaft, 2010). Bisher in dieser Reihe erschienen:

25 beliebte Mythen zum Thema Hochbegabung ... und die nackte Wahrheit, BoD, 2009, ISBN 978-3-8391-1415-5

Buch

Dieses Büchlein gibt kurz und bündig Auskunft über den Realitätsgehalt immer wieder vorgebrachter Mythen und Vorurteile zum Thema Coaching und versucht damit, einen recht nüchternen, aber keinesfalls lustlosen Blick auf das Phänomen Coaching zu werfen.

Für alle meine Coaching-Kunden, von denen ich immer wieder gerne und viel lerne, und vor allem für die Top-Management Coaches Dorothee Echter und Dorothea Assig, mit denen ich seit vielen Jahren in freundschaftlicher Bande vereint bin und in dauernder Auseinandersetzung – eine große Bereicherung für mich.

„Da gehe ich für die Firma über´s Wasser, und dann sagen die: Der kann ja nicht mal schwimmen!"

Ernüchterter Coaching-Kunde

Vorweg

Es gab immer schon Hofnarren, Berater, Trainer, Experten, Quacksalber, Alchemisten, Medizinmänner, Therapeuten, Sozialarbeiter, (Kräuter-)Hexen und Magier, Busenfreundinnen, Großmütter, Pfarrer und Lehrer, Streetworker, Gurus und andere Seelsorger. Aber was ist Coaching? Von allem das Beste?
Ja schon, aber eigentlich doch ganz etwas anderes!
Oder doch nicht?
Dem Werteverfall oder der Beziehungslosigkeit oder erschreckenden Beliebigkeit unserer Zeit als Opfer gebracht oder als Ablass für Selbstbeweihräucherung gezahltes Honorar? Ersatz für all die oben genannten Funktionen, die kaum noch von jemand wahrgenommen werden? Geistige Intimität gegen Cash? Wo ist da der Unterschied zum ältesten Gewerbe der Welt? In der Art der Dienstleistung ja, aber sonst?
Seit mindestens 40 Jahren wird jetzt in der Personalentwicklung und in anderen „Szenen" Sinn und Unsinn dieser Profession diskutiert, unzählige Qualitätszirkel, Verbände und Dachverbände – mehr oder weniger exklusiver Natur – gegründet, mehr oder weniger selbstlos, ehrenamtlich oder auf der Grundlage der wuchernden freiheitlich demokratischen Wildwestwirtschaft des beginnenden dritten Jahrtausends, für das uns ja eigentlich mit dem „sechsten Kondratieff"[1] ein grundlegender Wertewandel in Gesellschaft und Wirtschaft in Aussicht gestellt wurde. Aber was wäre denn, wenn die Aktienkurse einfach wieder stiegen ...?!)
Und es kam schlimmer: Sie stiegen wieder, der Wunsch nach echtem Strukturwandel verstummte so schnell, wie er aufgekommen war. Man kehrte in sein angestammtes Hamsterrad zurück.
Nachdem ich selbst seit über 25 Jahren als Coach arbeite, fühlte ich mich zu diesem kleinen Reader herausgefordert. Weil der Eindruck einfach nicht weichen will: Es gibt zwar Millionen von Meinungen, aber immer noch zu viele absurde oder mysteriöse Rätsel und Andichtungen zum Thema.

Bremen, Herbst 2009   *Heinz-Detlef Scheer*

---

[1] Stalin ließ den russischen Wirtschaftswissenschaftler, der die berühmten „langen" Konjunkturwellen entdeckt hatte, hinrichten.

Glossar

Coach	Derjenige, der einem anderen Menschen helfen will, sich selbst bzgl. eines bestimmten Problems zu helfen[2]
Coachee	Derjenige, der glaubt, dass ihm ein Coach helfen kann, sich selbst bzgl. eines bestimmten Problems zu helfen
Coaching	Das, was Coach und Coachee tun, damit dem einen geholfen wird, sich selbst bzgl. eines bestimmten Problems zu helfen, und der andere begründet eine Rechnung dafür schreiben kann, dass dies erreicht wurde
Coachingverhalten	Das, was jemand außerhalb eines Coachings tut, um sein Gesprächs- und Führungsverhalten zu verbessern. Beispielsweise, um jemandem bzgl. eines bestimmten Problems besser helfen zu können, sich selbst zu helfen
Kunde	(der Kundige), der spätere Coachee, der als erwachsener und wacher Mensch möchte, dass ihm jemand, der sich als Coach bezeichnet, hilft, sich bzgl. eines bestimmten Problems besser selbst helfen zu können

---

[2] Bis heute ist es niemandem nachhaltig gelungen, eine brauchbare Bezeichnung für weibliche Coaches zu erfinden

1. Wer zum Coach muss, hat´s nötig!

„Wer zum Coach muss …“, „Na ja. Wer eine Therapie macht, der ist eben verrückt…!“, „Wo Rauch ist, da ist auch Feuer…!“

Das hätten sie wohl gerne, die Menschen, die Coaching genauso meiden wie Pest und Cholera oder wie in diesem Falle andere Weiterbildungs- oder Entwicklungschancen. So wie manchen Menschen, die eine Therapie nutzen, nachgesagt wird, sie seien ja sowieso „verrückt“, wird Coaching-Kunden noch immer nachgesagt, sie kämen ohne eben nicht klar. Es sind defizitäre Wesen, eigentlich kleine Häuflein Unglück, die zum Coaching müssen. Weil sie der Chef dorthin geschickt hat, der sich nicht mehr zu helfen wusste, oder aus Einsicht in ihre eigene Hilflosigkeit. Der Katalog der Ursachenzuweisungen, die eigentlich unbegründete und meist anmaßende Schuldzuweisungen darstellen, ist meilenlang.

Dabei findet im sonstigen Leben niemand etwas daran, entsprechende Fachleute aufzusuchen, wenn die eigene Kompetenz nicht ausreicht, um ein bestimmtes Problem zu lösen. Wenn der Fernseher nicht mehr will, wird der Fernsehtechniker gerufen, das Auto wird in die Werkstatt gefahren, beim kleinsten Schnupfen wird der Arzt aufgesucht und es werden Medikamente verschrieben. Der Patient schluckt ohne mit der Wimper zu zucken Drogen, wenn der Arzt sie ihm verschreibt.

Nur wenn die Beziehung zum Chef oder zum Mitarbeiter völlig verkorkst ist, wenn der Chef keinerlei Rückhalt in seiner Mannschaft mehr hat, wenn im Projekt schon Hunderttausende Euro den Bach runtergegangen sind: Es wird kein Coach aufgesucht, keine Hilfe in Anspruch genommen. Da wurschtelt man selber ein bisschen herum, ob man seinen Job nun beherrrscht oder ob es sich um eine typische Fehlbesetzung einer Führungsfunktion handelt, die man bekam, weil man mit fachlichen Leistungen besonders auffiel, die einem bekanntlich leider beim Führen von Menschen kaum helfen. Als Kompetenznachweise höchstens die unregelmäßige Lektüre von bekannten Szenezeitschriften zum Management im geistigen Gepäck.

Eigentlich ein Armutszeugnis. Denn: Mutig ist eben nicht der Zauderer, der vor lauter Stolz auf die vermeintliche eigene Größe auf jede Hilfe von außen verzichtet und lieber die Abteilung, die Beziehung, die Firma untergehen sieht!

2. Wer eine Coaching-Ausbildung hat, der kann´s!

Dieses Buch möchte eine Lanze *für* das Coaching und *für* Coaches brechen, allerdings eben auch ein bisschen Öl ins Diskussionsfeuer gießen, denn die Coachingszene ist nicht nur etwas in die Jahre gekommen, sondern auch etwas unübersichtlich geworden. Trotz der immer häufiger gegründeten Qualitätssicherungsgesellschaften oder vielleicht sogar wegen dieser? Viele hatten es nämlich auf das Portemonnaie der Coaches abgesehen, denen sie zweifelhafte Zertifikate teuer verkauften, während sie die semiprofessionelle Fachwelt glauben machen wollten, sie stellten in puncto Selbstlosigkeit Mutter Theresa in einen tiefschwarzen Schatten. Nachdem es bereits Image-Coaches, Farb-Coaches, Tanz-Coaches, Football-Coaches, Lifestyle-Coaches, Benimm-Coaches, Sprach-Coaches, ja sogar Sport-Coaches (!) gibt, kann der „Sanitär-Coach" (Klempner) nicht mehr überraschen!

Leider ist die Ausbildung zum Coach in etwa so geregelt, wie ein abstraktes Gemälde klassischen Geometriegesetzen folgt.

Zertifikate sind inzwischen unter Umständen imageschädigend geworden. Es gibt immer mehr durch wagemutige Selbsterklärung zum Coach mutierte ehemalige Manager oder andere fachliche Spezialisten, die die „menschliche Seite" im Wirtschaftsleben für sich entdeckt haben und sie wie alles, was sie in ihrem Managerleben entdeckt haben, sofort in klingende Münze umsetzen möchten, obwohl sie vom Fach – also vom Coaching in diesem Falle – eigentlich gar nichts verstehen. Coaches ohne jede Ausbildung leisten hervorragende Arbeit oder lassen das Coaching verantwortungslos ins Leere laufen. Coaches, die ein Wochenend-Seminar absolviert haben, brüsten sich mit einer „psychologischen Zusatz-Ausbildung", und es gibt Coaches, die haben nicht nur ein Studium, sondern auch unzählige Zusatzausbildungen anerkannter Institute absolviert und leisten absolut nichts für ihre Kunden außer stadtwerkereifer systematischer Geldbeutelleerung.

Als Kunde sollte man einen Coach souverän daraufhin testen, ob er einem guttut, und ihn, sollte das Gegenteil zutreffen, feuern. Vorher sollte man wissen, d.h. für sich festlegen, auf was man selber Wert legt in punkto Erfahrung, Ausbildung und Branchenkenntnis, dann findet man vielleicht den passenden Coach. Ein Coach muss nicht Psychologe sein, aber schaden tut es kaum. Management-Erfahrung ist nützlich, aber keine hinreichende Coaching-Kompetenz.

3. Coaching ist etwas für Feiglinge!

Wer seine Probleme nicht selber in den Griff bekommt, der ist ein Waschlappen. Bestenfalls ein Beckenrandschwimmer oder Warmduscher. So lustig es jahrelang durch die Büros hallte: Vom Sockenstopfer bis zum Frauenversteher ... letztlich wurde hier verhandelt, wie sich Männer dagegen verwehren, als etwas zu gelten, was ihnen seit des Neandertalers Wirken ununterbrochen sämtliches Selbstbewusstsein raubt: als unmännlich! In letzter Zeit haben sich einige Frauen dazugesellt und verteidigen ihre eigene Männlichkeit gegen den bloßen Verdacht, weiblich zu sein. Ganz als wenn der weibliche Mensch tatsächlich nur eine unsinnige Laune der Natur wäre.

Die dahinter stehende Logik ist allerdings die von Verlierern: Wer sich Hilfe holt, hat sie nötig, weil er es alleine nicht bringt, und damit hat er sich disqualifiziert. Jemand, der Hilfe braucht, ist kein Mann und damit nicht ernst zu nehmen im alltäglichen Kampf um Leben und Tod auf dem Schlachtfeld der freien Wirtschaft.

Seltsam ist nur, dass derselbe Mann, der Coaching als Form der professionellen Hilfe vehement ablehnt, ohne Probleme seinen Sportwagen in die Werkstatt schiebt, weil er sich selber außerstande sieht, in den unergründlichen Tiefen des Motors für Ordnung zu sorgen. Dabei fällt ihm *kein* Zacken aus der Krone.

Ein Mosaikstein: Zumindest bei uns in Mitteleuropa grassiert immer noch ein ungeschriebenes Gesetz für sexuelle Beziehungen wie für die Beziehungen in Betrieben oder Vereinen: „Wenn du mich liebst, musst du meine Gedanken lesen können!", sagen sich die Liebenden. Mit „Wenn ich Ihnen auch noch erklären muss, was Sie als Ingenieur hier machen sollen, dann sind Sie hier falsch!" verhindert der Chef die Loyalität wie die Eigenmotivation des neuen Mitarbeiters und bemerkt es nicht einmal. Und der Verein, der neue Mitglieder nur akzeptiert, wenn sie sich „von alleine" um eine Mitgliedschaft bewerben – allesamt lehnen sie das Rezept der Erfolgreichen ab: Alle lehnen Hilfe ab, auch, wenn es helfen könnte, weil es so nicht weitergeht.

Nein: Coaching ist NICHTS für Feiglinge, Drückeberger, Warmduscher und Sockenstricker! Coaching ist etwas für mutige Frauen und Männer, die nicht bereit sind, auf Kosten anderer, ihnen anvertrauter Menschen so zu tun, als könnten sie jedes Problem lösen und damit mehr Schaden anrichten, als es die höchste Rechnung eines unsinnigen Mode-Coaches jemals könnte.

4. Coaching ist Gehirnwäsche!

„Gehirnwäsche?! Das geht?! Toll, aber wie machen Sie das?! Das Gehirn ist dann richtig sauber? Leer?!", soll Bhagwan einmal einem erstaunten amerikanischen Reporter gesagt haben, der ihn wiederholt mit dem Vorwurf konfrontierte, „Gehirnwäsche" zu betreiben. Er wusste nicht, wie sich ein angestrengt meditierender Mensch zuweilen nach einer richtigen Hirnwäsche sehnen kann, nach dem Glücksmoment, es geschafft zu haben, endlich an NICHTS zu denken!

Wäre das nicht toll? Sein Hirn praktisch jederzeit reinigen zu können und Platz für neue Gedanken zu machen? Die nicht immer wieder um ein- und dasselbe Thema kreisen, einen aber nicht zu einer Entscheidung kommen lassen, sondern – ganz im Gegenteil – die gesamte Energie fressen, die man eigentlich für die Fundierung einer wichtigen Entscheidung bräuchte?

Natürlich ist Coaching in gewisser Weise eine Gehirnwäsche! Im Hirn wird mitunter ganz schön aufgeräumt: Störende Gedanken werden vielleicht nicht mehr so häufig gedacht, konstruktive und schöne umso häufiger. Ziele werden gefunden und verfolgt. Genau das möchte doch der Ratsuchende, um wieder klar sehen zu können und seine Ziele wirklich zu erreichen.

Andere, die ihn dabei beobachten, die sich nicht erklären können, was im Coaching passiert, die bisher einen guten, verlässlichen Kontakt zum Ratsuchenden hatten, die sind oft irritiert. Und DIE befürchten eine Gehirnwäsche, weil sie beispielsweise erleben müssen, wie ihnen die Kontrolle entgleitet, nachdem sich der Ratsuchende nach einem erfolgreichen Coaching verändert. Wie er z.B. seine eigenen Ziele jetzt etwas egoistischer verfolgt, konsequenter. Vielleicht geht er auf die zahlreichen sozialen Erpressungsversuche seiner „Freunde" nicht mehr so ein wie früher. Jetzt macht der Ratsuchende tatsächlich, was er will, und lässt sich nicht mehr so leicht beeinflussen (und ausnutzen).

ER übernimmt jetzt vielleicht die Führung. Veränderungen sind schwierig. Auch, weil sie nicht von allen gleichermaßen begrüßt werden, sondern andere „zwingen", sich auch zu ändern. Da kommt der Vorwurf der Gehirnwäsche schnell über die Lippen. Weil es um Schuldzuweisung außerhalb der Beziehung geht. In diesem Sinne: „Einmal waschen und legen bitte! Ich habe nämlich etwas Wichtiges vor!"

17

5. Coaching ist ganz klar von Therapie abgrenzbar!

Coaching ist ebenso wenig von Therapie eindeutig klar abgrenzbar wie Coaching eine „Therapie für Arme" darstellt!

Da helfen auch als noch so klar erscheinende Definitionsversuche nichts wie z.B. von *Dr. Sabine Dembkowski* in einem Aufsatz im www.coaching-magazin.de, einem Online-Service von Christopher Rauen: *„Coaching kann klar definiert werden als die Kunst und Wissenschaft, die individuelle Weiterentwicklung zu fördern sowie die Leistungsfähigkeit zu steigern, indem alternative Handlungsmöglichkeiten entwickelt werden."*

Auf den ersten Blick sieht dieser Satz aus wie eine eindeutige Definition, auf den zweiten Blick wird eine interpretationsbedürftige Beschreibung des Coachinggeschehens daraus. Man könnte fast jedes Wort hinterfragen und ihm zig Bedeutungen unterlegen. Obwohl ein auch für mich entscheidender Hinweis durchaus enthalten ist: „alternative Handlungsmöglichkeiten" sollen entwickelt werden. Aber ob es nun immer um Weiterentwicklung und/oder Leistungssteigerung geht? Weiterentwicklung wohin? Leistungssteigerung nach wessen Definition?

Dieses Büchlein ist zu klein für eine umfassende Diskussion. Und die vielen Versuche einer Definition sind ehrenhaft und haben sicherlich auch zu alltäglich brauchbaren Unterscheidungen geführt, wenn auch nicht zu klaren Definitionen. Und trotzdem ist diese Diskussion nicht sinnlos, sondern extrem wichtig. Denn es muss vor dem Beginn einer Maßnahme allen Beteiligten klar sein, worin der Anspruch und das Ziel der Aktion bestehen. Alles andere ist höchstens einem Stochern im Salat zu vergleichen und höchst unprofessionell.

Tipp für potenzielle Coaching-Kunden: Reden Sie genau darüber mit Ihrem Coach. Achten Sie darauf, wie klar und für Sie selbst nachvollziehbar er seinen Coaching-Anspruch beschreibt. Ob Sie ihn verstehen und akzeptieren. Wenn er ausschließlich unklare Ansprüche formuliert wie „mal so und mal so", „das werden Sie schon sehen…" oder „das sind alles wissenschaftlich begründete Methoden" (er aber nicht ausführt, was das heißen soll),wechseln Sie ihn aus gegen einen, der weiß, wovon er spricht.

Gegen einen, der Ihnen keinen Rosengarten verspricht, von dem bei näherem Hinschauen nur noch die Dornen übrig sind!

6. Coaching ist Therapie für Arme!

Dieser Satz ist oft eher auf die Coaches gemünzt als auf die Ratsuchenden. Denn die bekommen Psychotherapie in der Regel von ihrer Krankenkasse bezahlt. Hier soll wohl eher ausgedrückt werden, dass der Coach keine „richtige" Ausbildung zum Therapeuten hat. Solche Ausbildungen sind in der Regel sinnvoll und sehr teuer, und nicht jeder wird zugelassen. Coaches haben häufig trotzdem eine Psychotherapie-Ausbildung. Und auch die, die keine ursprünglich klinische Therapieausbildung haben, haben häufig Weiterbildungen in Therapiemethoden gemacht. Fast alle Coaches dürften sich an Methoden anlehnen oder diese direkt einsetzen, die ursprünglich aus der klinischen Psychologie bzw. aus der Therapie stammen. Ich möchte kein weiteres, ausschweifendes Kapitel zur Unterscheidung von Therapie, Coaching und Beratung usw. beisteuern. Ich möchte aber eine mir vernünftig erscheinende Orientierung geben, mit deren Hilfe sich die unterschiedlichen Ansätze gut unterscheiden lassen:

1) (Psycho-)Therapie ist eine eher langfristige Veranstaltung: 30-50 „Sitzungen" à 50-60 Minuten sind keine Seltenheit im Rhythmus von einer Sitzung pro Woche. Häufig geht es darum, eher grundlegende Denkmuster, Traumatisierungen und andere langfristig und hartnäckig negativ wirkende „Programme" (viele aus der Kindheit stammend) nachhaltig positiv zu verändern. Hier kann man mit Recht von „Persönlichkeitsveränderung" sprechen. Alleine schon, weil sie vom „Patienten" wie vom Therapeuten angestrebt wird.

2) Coaching ist meist eher kurzfristig angelegt (3-6 Sitzungen, manchmal deutlich weniger, eher längere Sitzungen von 2-6 Stunden), meist bezogen auf gut abgrenzbare Probleme oder Fragen aus dem beruflichen Kontext, Karriereentscheidungen oder Ähnliches. Coaching wird nicht von Kassen bezahlt, deswegen ist es für den Kunden selber teurer als Therapie und die Kosten werden von Firmen häufig nur Führungskräften gezahlt. Einige Ratsuchende bezahlen privat reduzierte Sätze.

3) Beratung orientiert sich am Expertenmodell: Der Ratsuchende hat eine Frage: „Wie kann ich mich beruflich weiterentwickeln?" Antwort: „Da machen Sie den und den Kurs und dann diese Prüfung, dann gehen Sie zum ..." Ein Berater ist ein Experte, der für eine Fachfrage eine Antwort parat hält. Ein Berater weiß Dinge besser als sein Kunde.

7. Coaching ist unfair!

Coaching ist unfair (denen gegenüber, die nicht gecoacht werden). Diese Meinung entspringt einem zumindest in Deutschland als vermeintlich gerecht empfundenen und tief verankerten Grundsatz aus der mächtigen Familie des Gerechtigkeitswahns.

Auf der einen Seite wird derjenige, der sich beim Coach Unterstützung holt, dafür verachtet, weil er es nicht alleine schafft, mit seinen Problemen klarzukommen. Auf der anderen Seite wird Unterstützung als unfair empfunden, wenn der eine sie sich leistet und der andere nicht. Denn dann bestünde ja im darauf wahrscheinlich unweigerlich folgenden Wettbewerb eine himmelschreiende Ungerechtigkeit.

Zudem ist der Gedanke der „Gerechtigkeit" in diesem Zusammenhang natürlich dadurch kontaminiert, dass es viele Führungskräfte gibt, die sich coachen lassen, aber weniger Hartz-IV-Empfänger, die das tun. Das ist zunächst einmal unbestritten, und die Frage stellt sich sofort, ob es nicht gut wäre, z.B. die Fallmanager der Bundesanstalt für Arbeit und andere in Beratungsmethoden und Coaching-Verhalten zu schulen – mehr als dies bereits der Fall ist, damit z.B. die Dienstleistung Coaching besonders in Krisenzeiten für jedermann zugänglich wird.

Coaching selbst allerdings ist nur eine Möglichkeit, die einige Menschen in Anspruch nehmen und andere nicht. Demjenigen, der Coaching in Anspruch nimmt, mangelnde Fairness vorzuwerfen, hat allerdings denselben Charakter, als würde man einem um sein Leben kämpfenden Unfallopfer die Hilfe so lange verweigern, bis die Gesundheitsversorgung in Simbabwe dem europäischen Standard entspricht. Abgesehen davon, dass dies wünschenswert wäre und nicht die Situation, wie wir sie heute haben: Dass die ganze Welt Afrika schlicht vergessen zu haben scheint. Seltsam ist, dass wohl die meisten Menschen, die den Fairness-Vorwurf erheben, sich kaum jemals coachen lassen würden. Ich habe oft nachgefragt: Hier geht es mal wieder ums Prinzip und nicht um wirkliches Interesse.

Denn da greift wieder das alte Vorurteil: „Der Kollege ja, der mag das wohl nötig haben, sich coachen zu lassen, der hat ja immer schon Schwierigkeiten gehabt (der arme Kerl!), aber das habe ich natürlich nicht nötig. Danke, ich komme so zurecht!"

8. Coaching ist doch nur Psycho-Blabla!

Psycho-Blabla – was soll das wohl bringen? Gelabert wird doch überall sowieso schon genug. Wer´s nicht draufhat, der lernt das auch nicht mehr. Da kann man eben nichts machen!

Coaching ist Blabla, sicher. Palaver. Hoffentlich sogar Psycho-Palaver. Aber Palaver auf zielführender Ebene und eben kein Stammtischgespräch. Sondern eher auf indianischer Ebene. Dort ist ein Palaver (z.B. im Rahmen einer „Medizinrad" genannten Methode) nämlich der fast beliebig lange dauernde Entscheidungsweg durch Diskussion bei einer existenziellen Entscheidung, die den ganzen Stamm betrifft, nämlich z.B., ob in den Krieg gezogen wird oder nicht. Was spricht dagegen, mit einem Fachmann für gutes Palaver so lange zu palavern, bis eine wichtige, vielleicht existenzielle Entscheidung tatsächlich ohne Wenn und Aber getroffen werden kann?

Coaching ist ein Dialog oder ein Dialog über Dialoge, wenn der Coachee z.B. über ein Gespräch mit seinem Vorgesetzten berichtet und der Coach mit ihm darüber spricht, wie er mit seinem Chef gesprochen hat.

Was früher Busenfreunde, Großmütter und andere liebevolle, aber eben doch mehr distanzierte Personen als z.B. die eigenen Eltern oder der eigene Lebenspartner selbstverständlich übernommen haben, nämlich gute Coachinggespräche zu führen (von den damit verbundenen Rollenkonflikten und der fehlenden professionellen Seite dieser Beziehungen sprechen wir hier einmal nicht!), übernehmen heute gut ausgebildete Coaches. Gut, und wenn das so wäre, was wäre daran falsch? Es geht um die Außenperspektive, es geht um die grundlegende Wertschätzung, um genügend Distanz zum Problem, darum, Lösungen zu entwickeln, die noch nicht vorhanden oder zum x-ten Male erfolglos durchdacht worden sind. Es geht darum, zu einem bestimmten Thema einen entscheidenden neuen Schritt weiterzukommen. Und zwar für den Ratsuchenden, nicht für einen alles-besser-wissenden Coach. Und dafür sind gute Coaches Experten. Man könnte auch sagen: Gönnen Sie sich ein wenig professionelles Psycho-Blabla, wenn Ihr Thema für Sie wirklich wichtig ist.

So viel sollten Sie sich wert sein!

9. Coaching ist viel zu riskant – was da alles passieren kann!

Wenn der Coach etwas falsch macht, dann kommt es unweigerlich zur Katastrophe. Coaching ist viel zu riskant! Schrecklich, wenn ein Kunde eines Coaches Selbstmord beginge, nachdem er noch am Nachmittag beim Coach war...

Natürlich: Das wäre furchtbar! Trotzdem spricht aus der Befürchtung zunächst eher die Selbstüberschätzung eines Coaches oder eines anderen skeptischen Menschen, der dies befürchtet, als tatsächliche Erfahrung oder Wissen.

Wir Menschen führen laufend Gespräche, manchmal unfreundlich und verletzend. Manchmal mit wütenden, aggressiven Äußerungen. Es gibt immer wieder Streit. Das ist im Coaching zunächst einmal nicht anders als in allen anderen Gesprächen. Hoffentlich seltener, weil Coaches in der Regel darauf achten, keine verletzenden Dinge zu sagen. Aber passieren kann es natürlich, das Restrisiko bleibt wie immer im Leben und in jedem anderen Kontakt. Außerdem ist es ja nicht die Aufgabe, dem Coachee nach dem Munde zu reden. Schwer zu sagen, ob sich jemand durch eine Bemerkung verletzt fühlt und wie stark das wirkt. Nicht nur Menschen mit einer professionellen Ausbildung sind sich dessen bewusst.

Wir sind in unserem Leben, in unserem alltäglichen Denken und Handeln und den zugrundeliegenden Glaubenssätzen, Werten usw. sozusagen in einer eher multiplen Abhängigkeit. Wir haben Beziehungen, Verträge usw. Wenn es tatsächlich passieren sollte, dass ein einziges misslungenes Gespräch zu einer Kurzschlusshandlung führt, dann ist das schrecklich, aber kaum tatsächlich in aller Konsequenz ursächlich auf das spezielle Gespräch zurückzuführen.

Das Haupt"risiko" beim Coaching besteht darin, dass es tatsächlich funktioniert. Das bedeutet, dass sich beim Ratsuchenden wirklich etwas verändert, und das deutlich nach außen bemerkbar. Da kommen wieder die Bezugspersonen ins Spiel, auf die die Änderungen vielleicht wirken wie eine Fehlentwicklung, vielleicht sogar Katastrophe. Aber nicht, weil es beim ehemals Ratsuchenden so ist, sondern weil sie selbst gezwungen werden, sich anzupassen (siehe dazu auch: 4. Coaching ist Gehirnwäsche). Und das mag keiner, der nicht an der Entwicklung selbst beteiligt war, und zusehen muss, wie von ihm „gefordert" wird ohne darüber mitbestimmen zu können. Da ist schlicht Angst im Spiel.

10. Coaching ist nur eine Modeerscheinung!

In den frühen Achtzigern tauchte Coaching zum ersten Mal in gewissen Management-Hochglanzmagazinen auf. Im Sport gab es Coaching schon lange, vor allem in den USA. Heute ist ein Spitzensportler praktisch chancenlos, hat er nicht einen „mental Coach" oder unter ähnlichen Bezeichnungen laufenden Betreuer, der die Spitzenbemühungen des Spitzensportlers und seines Sportmediziners unterstützt. Zumindest desjenigen, der sich nicht auf Doping spezialisiert hat.

Als „Coaching" im Management auftauchte, ergab sich eine Debatte über Sinn und Unsinn solcher „Psychomethoden" im Management, die vor allem dadurch geprägt war, dass es keinerlei griffige Definition für das diskutierte Phänomen gab, dafür aber mehr Befürchtungen und Unkenrufe als Coaching-Sitzungen. War es Teufelswerk aus der Hexenküche einer entgleisenden Psychiatrie, drohte der Verlust der Persönlichkeit durch Coaching, pure Geldschneiderei, Scharlatanerie, Unselbstständigkeit bis zur totalen Abhängigkeit führender Manager von ihrem Psychiater? Einige wenige erwarteten auch positive Wirkungen eines Coachings – bei nüchterner Abwägung.

Aber fast alle waren sich einig: Coaching ist eine Mode-(wort)erscheinung. Ein Phänomen, so vergänglich wie der Hula-Hoop-Reifen. Coaching als Phänomen hat in der Tat eine gewisse Ähnlichkeit mit dem Hula-Hoop-Reifen. Viele finden das lächerlich, aber die, die die gesundheitlichen Auswirkungen des gekonnten Hula-Hoop-Schwungs kennen, verteidigen den Reifen vehement und verbissen. Aber egal, wie modes(port)belastet Hula-Hoop ist: Es kommt immer wieder auf, bzw. war nie ganz weg. Die Materialen und die Farben der Reifen ändern sich, aber nicht die Funktion des Reifens und nicht dessen Wirkung, wenn tatsächlich Hula-Hoop betrieben wird.

Und genauso ist es beim Coaching: Wer einmal die erleichternde, konstruktive, förderliche, unterstützende, „ermächtigende" Wirkung eines guten Coachinggespräches am eigenen Leib und vor allem in der eigenen Seele erlebt hat, der schwört drauf und gönnt sich diese Unterstützung, wenn es alleine schwierig wird. Mögen immer noch viele denken: Diese Modeerscheinung geht wieder vorbei, werden sie warten müssen, bis die dahinterstehende Dienstleistung durch eine ebenso gute Alternative ersetzt wurde.

11. Ein Coach ist wie ein Freund!

„Ein Freund, ein guter Freund, das ist das Schönste, was es gibt auf der Welt!". Wer kennt sie nicht: die drei von der Tankstelle … Natürlich ist ein guter Freund unbezahlbar. Gerade wenn man soeben die halbe Welt in Schutt und Asche gelegt hat, braucht man wirklich gute Freunde …

Erst der Austausch mit anderen Menschen macht uns zum Menschen! Wir besitzen Spiegelneuronen, um uns in andere hineinversetzen zu können, um sie zu verstehen, einschätzen zu können, uns selbst in den anderen zu spiegeln und an ihnen zu messen. Ein Freund ist da manchmal eine wunderbare Ausnahme, weil er nicht als Konkurrent gesehen wird. Ein Freund hat eine Sonderstellung unter den mehr oder weniger vielen (konkurrierenden) „Bekannten", die wir haben.

Über die „Aufgaben" eines Freundes sind wir Menschen durchaus geteilter Meinung. Sind Freunde ausschließlich zum Lachen und Entspannen da? Oder nur, um nicht alleine dazustehen? Oder um in „schlechten Zeiten" für uns da zu sein? Einige erwarten von Freunden, dass sie immer, wenn es nötig erscheint, hartnäckig die richtigen Fragen stellen, kritisches Feedback geben und dabei kein Blatt vor den Mund nehmen. Eben weil die Freundschaft auch die „negative" Kritik (er)trägt. „Uns kann niemand auseinanderbringen, komme, was wolle!" Die in diesem Sinne steigerbaren höchsten Anforderungen an die Professionalität eines Freundes grenzen an ein Anforderungsprofil für einen professionellen Coach.

Aber wo gibt es die Freunde im Ernstfall? Wer welche hat, mag sich glücklich schätzen. Viele hatten bisher im Leben keine Gelegenheit, solche Freundschaften zu entwickeln und zu pflegen. In der besten aller Welten ist das sicherlich anders, aber wir leben bekanntlich in der zweitbesten. Wir brauchen unsere Freunde für die Bereiche Trost, emotionale Unterstützung, Solidarität, Spiel, Sport und Spaß geradezu auf. Für eine Dienstleistung im Sinne von Coaching sind sie vielfach nicht zuständig bzw. damit restlos überfordert. Schade zwar, aber jetzt springt ein Coach ein, der aufgrund seiner professionellen Ausbildung die nötige Distanz wahren kann, Humor aufbringt, kritisch bleibt und trotzdem eine Nähe herzustellen in der Lage ist, die es ihm erlaubt, im Ernstfall auch liebevoll zu provozieren, und die uns weiterhilft, wenn wir irgendetwas – alleine auf uns gestellt – nicht hinbekommen.

12. Coaching ist was für Angeber!

So wie die Zahl der Mitarbeiter, die Größe des Wagens oder des Hauses, die Anzahl der „Freunde" ein Statussymbol sein kann, so kann es sein, dass jemand mit seinem Coach prahlt. Selbstredend ist es dann aber wahrscheinlich auch so, dass der Coach dieselbe Funktion hat wie das Haus, der Wagen oder die „Freunde" des Coachees. Der eine kauft sich eine Reise, einen Wintergarten, die Mitgliedschaft in einem Golfclub. der andere einen Coach.

Da werden wir wohl mit leben können.

Für manche ist es die Lösung des Problems: Ich bin doch nicht verrückt, aber das denken alle meine Bekannten! Da gehe ich doch lieber in die Vollen: „Ein Mensch ohne Coach… ist das heutzutage eigentlich wirklich ein Mensch?!"

„Wie bitte?! 2.800,00 Euro pro Sitzung?! So etwas gibt es? Unter 3.500,00 Euro pro Sitzung fängt meiner gar nicht erst an zu sprechen!" Für andere ist es bloße Mode oder nackter Beweis der Zugehörigkeit zu einer bestimmten sozialen Kaste: „Oh Lord, won´t you buy me a Mercedes Benz?! My friends all drive Porsches, I must make amends….!"[3]

In der Regel aber sind Kunden ganz normale Menschen. Die klug und mutig genug sind, sich souverän Unterstützung zu suchen. Mitarbeiter zerlegen sich z.B. immer wieder mit ihrem Chef, egal, wer der ist und wie oft sie die Abteilung oder die Firma wechseln. Woran das liegt und wie man aus dieser Falle beispielsweise entwischen kann, kann man herausarbeiten, aber in der Regel nicht alleine und nicht durch noch so heftiges Nachdenken. Da kann ein guter Coach helfen, um die notwendigerweise einzuleitenden Denk-Prozesse zu beschleunigen.

Die Bedeutung der „Prahlerei" oder der „Angeberei" entsteht wie so oft in den Köpfen derjenigen, die sich nichts unter dem Thema vorstellen können und deshalb – wie wahrscheinlich oft im Leben, von sich auf andere schließend, sich den einzigen Grund für *irgendetwas* vorstellen, das sie sich vorstellen *können*: Angeberei!

---

[3] Janis Joplin in ihrem unvergessenen gesungenen Gebet für einen Mercedes-Benz

13. Motivationsgurus machen Coaching!

„Ach, heute wieder ein Tschaka-Tschaka-Termin?! Läuft wohl nichts mehr bei dir, oder?!" Mag sogar witzig gemeint sein, ist aber letztlich ein Zeichen für die Hirnschwäche des Kollegen und nicht für seine Weltgewandtheit, wie er vielleicht selber meint.

Die sogenannten „Motivationsgurus", die mit Feuerlauf, lauten „Tschaka-Tschaka-Rufen" oder ähnlichen Vernebelungstaktiken versuchen, den Rattenfänger von Hameln zu übertrumpfen, sind eine Beleidigung für diejenigen, die ihnen unfreiwillig den Titel „Guru" geliehen haben, denn das Wort aus dem Sanskrit bedeutet eigentlich „Lehrer" und nicht „geheimnisvoller Manipulator ahnungsloser Jünger". Die meisten „Motivationstrainer" dieser Welt – auch wenn sie sich noch so laut „Coaches" nennen – haben mit einem seriösen Coach so viel zu tun wie ein Oktoberfestsong mit dem Wirtschaftsaufschwung in Mosambik.

Auch hier gilt leider, dass die meisten Verwechslungen nicht unbedingt in der Natur der Sache liegen, sondern eher in der Unkenntnis derjenigen, die sich noch nie für Psychologie interessiert haben oder für irgendetwas, was sie tatsächlich selbst betreffen könnte.

In einer Gesellschaft, in deren Schulen Fächer wie Musik, Sport und Kunst als Erstes ausfallen, wenn Geld und Organisationsgeschick ausbleiben, wundert man sich nicht, dass es das Fach „Psychologie" bis heute kaum an die Schule geschafft hat. Was Großeltern, Eltern und andere Wertevermittler wie Kirche und Vereine an Lücken hinterlassen, füllt sich nicht von alleine durch ein bundesdeutsches Privatfernsehprogramm. Menschen, die eine Imbiss-Kette amerikanischer Provenienz für ein Restaurant halten, nehmen vor allem laute Töne wahr: Da muss denn ja „Tschaka-Tschaka" gleichbedeutend mit Psychologie sein, oder? Füllen die „Tschaka-Tschakas" nicht ganze Fußballstadien mit begeisterten Fans? Man könnte fast an die Wand der Örtchens schreiben: „Und wo lassen Sie sich motivieren?!" Solange Menschen glauben, dass das funktioniert, wird „Motivation" verkauft und gekauft!

Hauptsache, ich muss nicht in mich gehen, nur um dort festzustellen: „Ach du meine Güte! Da ist ja auch nichts mehr los!" Und wenn ich unmotiviert herumhänge, ist eben der Guru schuld oder dessen falsche Beschwörungsformel.

14. Coaching ist eine Form von Esoterik!

Von Esoterik kann man halten, was man will, wenn man denn überhaupt weiß, was das Wort bedeutet. Esoterik ist das Gegenteil von Exoterik (= „öffentliches Wissen"), also ein Wissen, welches als philosophisches Wissen nur einem „inner circle" zugänglich ist (vom Griechischen: *esōterikós* = „innerlich"). Also eine Art Geheimwissen. Andere traditionelle Konnotationen meinen einen „spirituellen" Erkenntnisweg, Mystik.

Coaching jedenfalls hat mit Esoterik nichts zu tun. Es sei denn, ein Esoteriker betreibt Coaching, dann wird er vermutlich sein Wissen auch gegenüber dem Kunden geheim halten und immer wieder darauf verweisen, dass der Kunde die Wirkung schon bemerken werde, wenn es denn so weit sei. Und wenn nicht, na, dann ist der Kunde eben noch nicht reif für diesen „Erkenntnis"weg.

Hier trennt sich die Spreu vom Weizen. Mögen die meisten Coaches, die ihr Fach eigentlich nicht beherrschen, noch harmlos sein, hier ist eine Grenze erreicht, die man allerdings weder objektiv festlegen, noch wirklich feststellen kann.

Deswegen sollten Sie als potenzieller Kunde eines Coaches immer Ihr Gefühl sprechen lassen. Die Beziehung muss einfach stimmen, sonst hat Coaching keinen Sinn. Seit Jahren weisen einschlägige Untersuchungen immer wieder darauf hin.

Sollte Ihnen aber jemand damit kommen, das Sie selbst „nicht reif" seien für diesen „Weg", oder Ihnen gar drohen, was Ihnen alles ins Haus steht, wenn Sie „diesen Weg" nicht gehen, suchen Sie sich einen Coach, der Sie ernst nimmt. Kein Coach wiederum, der es ernst meint, zu dem die Beziehung aber keine tragfähige wurde, würde es Ihnen in so einem Fall übel nehmen, dass Sie sich einen anderen Coach suchen.

Leider werden auch noch so viele Kongresse nicht dafür sorgen können, dass diese Art der mit Luftnummern aus der Mottenkiste der 50er-Jahre-Kabaretts drohenden Scharlatane wirklich auf den ersten Blick erkennbar wird. Alleine, weil es immer wieder Menschen geben wird, denen der hilflose Glaube an irgendetwas Mächtiges „zwischen Himmel und Erde" fehlendes Wissen und fehlende persönliche Souveränität in einem Maße ersetzt, dass sein Gegenüber ihn glauben macht, er habe es mit einem Fachmann auf seinem Gebiet und mit „wissenschaftlichen" Methoden zu tun: Wenn ich etwas nicht verstehe, dann muss das „Wissenschaft" sein. Die goldenen Zeiten enden nie.

15. Eine gute Führungskraft braucht keinen Coach!

Eine schlecht getarnte Variante des Leitthemas: „Wer einen Coach hat, ist verrückt!" oder „... unfähig"!

Nicht nur mittlere Führungskräfte in Deutschland – aber wahrscheinlich überall sonst auf der Welt auch – haben oft ein geradezu tragikomisches Credo: „Ich bin Führungskraft geworden, weil ich in meinem Fach so gut bin!"

Tragischerweise haben sie damit häufig sogar recht: Das „Peter-Prinzip", das ja bekanntlich besagt, dass jemand befördert wird, bis er auf der Stufe der eigenen Unfähigkeit angelangt ist, feiert fröhliche Urständ´. Auf Alltagsdeutsch heißt das: Jemand wird wegen seiner fachlichen Expertise zur Führungskraft befördert: Ein Widerspruch in sich trägt tragikomische Früchte, weil Führung nun einmal sehr wenig bis gar nichts mit fachlichem Wissen zu tun hat!

Der dilettierende Chef ward geboren! Er kramt in seiner mehr oder weniger glücklichen Kindheit, in seinen Pfadfindererlebnissen, so er denn welche hatte, oder seiner Karriere bei der Bundeswehr, um auf Vorbilder in Sachen Führung zu stoßen.

Wenn er danach „Glück" hat oder innerlich gekündigte Mitarbeiter, dann kann er das jahrelang überleben, bis er an seinen leidenden Mitarbeitern vorbei wegbefördert wird. Wenn er Pech hat, ist er bald von lauter stumpfsinnigen, entscheidungsschwachen Mitarbeitern umgeben, die sich nicht mehr fragen, warum dieser Schwachmat Chef geworden ist, weil sie sich sowieso gar nichts mehr fragen.

Natürlich braucht so einer keinen Coach! Er hat ja seine Frau, der er allabendlich seine heroischen Taten, ohne die sein Unternehmen längst pleite gegangen wäre, berichten kann. Nach einigen Jahren stört es sie nicht mehr, weil sie genauso wenig wie seine Mitarbeiter zuhört, wenn er vor sich hin schwadroniert, wie blöde alle im Betrieb außer ihm inzwischen geworden sind.

Wenn so jemand wüsste, was seine Mitarbeiter über ihn dachten, als sie dies noch taten, oder seine Frau, dann hätte er sich vielleicht einen Coach genommen, um seine Situation grundsätzlich zu seinen Gunsten zu verändern.

So wird er ohne Coach *und* ohne Mitarbeiter untergehen.

16. Coaching muss man geheim halten!

Wer gerne etwas geheim hält, der kann natürlich auch gerne sein eigenes Coaching geheim halten. Manchmal ist das vielleicht sogar besser so, denn auf die meisten der Kommentare derjenigen, die mit Coaching nichts anderes anzufangen wissen, als alte Stereotype hervorzukramen (siehe z.B. „Wer einen Coach hat, hat´s nötig!"), kann man ja gut verzichten.

Jeder muss das selbst entscheiden. Sicher macht es auch keinen Sinn, die Tatsache, dass man sich coachen lässt, wie eine Monstranz vor sich herzutragen. Jedoch sollte man auch nicht ängstlich bedacht, dass es denn niemand merken möge, durch die Welt schleichen und damit beispielsweise das Selbstbewusstsein, welches man sich im Coaching gerade aneignen wollte, wieder verspielen, indem man sich selbst das Coaching als „Mangel" andichtet.

Entdeckt jemand, dass man sich coachen lässt (ein Kollege sieht den Terminkalender und da steht „Coaching" drin), ist die Gelegenheit günstig – will man nicht aus bestimmten Gründen das Thema selbst tatsächlich geheim halten – darüber zu sprechen, dass man sich Unterstützung geholt hat, weil man auf einem bestimmten Gebiet mehr erreichen möchte und sich dafür wappnen will.

Häufig – das zeigt die Erfahrung – ergeben sich daraus sogar längst überfällige Gespräche (mir dem Chef, mit den Kollegen), die das Thema des Coachings selbst bald überflüssig machen.

Den eigenen Partner sollte man auf keinen Fall aussparen, wenn es z.B. „nur" um ein berufliches Coaching geht. Denn er kann im Alltag durchaus in begrenztem Maß als kollegialer Coach dienen, kritische Fragen stellen, Feedback geben usw. Seltsamerweise sind wir heute da angekommen, wo man das betonen sollte: Es schadet einer Partnerschaft nicht, wenn man sich auch in beruflichen Fragen gegenseitig unterstützt. Dazu muss man aber miteinander reden (können). Die absurden Zahlen, die hier und da veröffentlicht werden, wie viele Minuten Paare täglich mündlich kommunizieren, sind erschreckend, aber auch nicht durchgängig belegt. Aber ob es nun 4 oder 11 Minuten sind: Es reicht nicht.

Weder beim Sex, noch in einer sonstigen, wie auch immer gearteten Beziehung, noch im Geschäftsleben. Wenn man dann einen Umweg über ein Coaching macht, um wieder Kontakt zu seiner eigenen Umwelt aufzunehmen: Was macht das schon?

17. Der Kunde wird zur Marionette des Coaches!

Ein interessantes Argument, das meist von Menschen eingebracht wird, die selbst getrost als unselbstständig gelten können. Sie können sich vermutlich nicht vorstellen, dass eine Person souverän bleiben kann, wenn sie sich von einem professionellen anderen Menschen Rat bzw. Unterstützung holt. Wer sein Leben lang noch nicht gelernt hat, selbstständig und souverän Entscheidungen zu treffen, der muss natürlich vermuten, dass im Coaching der Coach als Fachmann die Rolle des Entscheiders übernimmt. Das wäre dann der einzige Unterschied zum alltäglich (nicht funktionierenden) Versuch, selbstständiger zu werden.

Oder es handelt sich um Menschen, die bei Coaches, die ihren Namen eigentlich nicht verdient haben, für viel Geld entsprechend viele schlechte Erfahrungen gemacht haben. Die Wahrscheinlichkeit ist im explodierenden Coaching-Markt durchaus gegeben. Unzählige Coaches mit pädagogischem Anspruch, andere, die ihre eigenen guten Erfahrungen mit allen Mitteln auf ihre Kunden übertragen wollen, schaffen eine teure Enttäuschung bei ihren Kunden, deren Folgen diese in der Regel alleine ausbaden müssen. Sie suggerieren den Kunden den Erfolg fertiger Lösungen oder eines Expertenwissens. Der Preis für die Erkenntnis, dass dieses Wissen aus dem Kontext des Coaches im Kontext des Kunden versagt, ist hoch. Er besteht in einer massiven Frustration, einer hohen Rechnung, keinerlei brauchbarer Wirkung und vielleicht noch der jede Selbstsicherheit vernichtenden „Erkenntnis": „Mir kann sowieso keiner mehr helfen!"

Jeder gut ausgebildete Coach sorgt dafür, dass seine Kunden zu Beginn (!) des Coaching-Prozesses enttäuscht (ent-täuscht!) werden. Sie wissen, dass kein Coach sie „mal eben so" verändern kann oder für bessere Verhältnisse sorgen wird. Dass der Kunde das selbst machen muss und kann! Die Dienstleistung des Coaches besteht nicht in der stellvertretenden Problemlösung für den Kunden, sondern darin, seine Kunden in die Lage zu versetzen, selbst ihre Entscheidungen für sich zu treffen.

Ein guter Coach macht sich so schnell wie möglich wieder überflüssig. Die anderen betreiben eine intensive und   lang andauernde Beziehung zu ihren Coaching-Kunden.

18. Das bisschen Coaching hole ich mir in der Kneipe und beim Frisör!

Schön, wenn Sie das können! Frisören und Kneipenwirten wird ja nachgesagt, dass man mit ihnen alles besprechen könne, was einem auf der Seele liege. In Berlin soll es sogar einmal einen Barkeeper gegeben haben, der eine komplette psychologische Beraterausbildung gemacht hat, um seinen Kunden besser als Ansprechpartner zur Verfügung stehen zu können. Das ist sicher nicht nur kurios, sondern entspricht auch einer gewissen Alltagserfahrung, die der eine oder andere eben bereits so oder so ähnlich mit Stammtischen und ähnlichen Institutionen gemacht hat.

Darüber hinaus steckt hier aber auch der Glaubenssatz dahinter, dass jeder mit seinen Problemen selber zurande kommen *muss.* Wenn das nicht geht, dann spricht man eben mal mit dem Frisör und dem Wirt. Die wirken vielleicht als Berater nicht so bedrohlich, weil der Frisör wie der Wirt natürlich seine Gäste behalten möchte und deswegen nie etwas sagen würde, was für den Kunden unangenehm werden könnte oder ihn gar verjagen würde.

Erwartungshaltung, Höflichkeit und Vorsicht, Berufsbezeichnungen der beteiligten Personen und der Kontext sorgen also für ein entspanntes, ungefährliches Gespräch. Auch ein Coach legt es ja nicht darauf an, sich mit seinem Kunden zu streiten! Oder ihn vorsätzlich zu verletzen oder zu belasten. Man muss sich aber doch fragen, ob Wirt oder Frisör ein echtes Problemlösegespräch distanziert und gleichzeitig liebevoll durchstehen können.

Wer also sicher sein möchte, dass es nicht nur um die oberflächliche Erzählung einer Geschichte gehen soll, sondern um die Entwicklung eines professionellen Lösungsansatzes, mit dem diese Geschichte verändert werden kann, wer also tatsächlich Veränderungen möchte, die nachhaltig tragen, und das nicht nur zufällig, der begebe sich zu einem professionellen Coach. Der Frisör stylt ihn dann für die nächste „Runde" in seinem Leben, beim Wirt erlebt er die wohlige Wohnzimmer-Atmosphäre, die er zur Unterstützung auch braucht. Oder um einen Erfolg zu feiern!

Und noch ein Wort an die Möchtegern-Coaches, die meinen, nach einem Wochenendseminar, einem „Zertifikat" und zwei befreundeten „Kunden" zu den Top Coaches zu gehören: Beweisen Sie erst einmal, dass Sie den Unterschied zwischen einem Stammtisch-Gespräch, 08/15-Pädagogik-Ratschlägen und nachhaltigem Coaching überhaupt kennen. Geschweige denn zugunsten des Kunden umsetzen können!

19. Coaching ist zu teuer!

Coaching ist teuer. Stimmt. Preiswerte Sitzungen kosten zwischen 100,00 € pro Stunde bis zu mehrere Tausend € pro mehrmaligem mehrstündigem Treffen. Und die Krankenkassen zahlen in der Regel nicht. Warum sollten sie auch? Coaching ist eine persönliche Maßnahme, um seinen Erfolg zu steigern, mit einem klar umrissenen Problem besser zurechtzukommen, um eine wichtige Entscheidung sicherer treffen zu können, um ein persönliches Veränderungs"projekt" mit Unterstützung anzugehen, weil es alleine eben schwieriger erscheint. Aber Coaching ist eben keine Therapie, die notwendig wird, wenn jemand sich zu seinem Nachteil nicht mehr selbst helfen kann und es weniger um umrissene Themen geht, sondern schlicht um die längerfristige Entwicklung der Person, der Persönlichkeit des Kunden, der dann ja auch von den meisten Menschen „Patient" genannt wird. Was heißt teuer eigentlich?

Coaching ist wertvoll? Ja, eigentlich schon. Denn Ihr Auto ist Ihnen ja auch eine regelmäßige Inspektion wert, oder? Was hat die letzte Inspektion gekostet? Oder die Wohnungsrenovierung? Oder der einwöchige Urlaub auf den Kanaren? Oder Ihre letzte Weiterbildungsmaßnahme? Wenn Sie es nicht wissen, weil Ihr Chef das bezahlt hat, fragen Sie ihn doch einmal! Sie werden sich wundern!

Fragen Sie sich einfach, ob es Ihnen persönlich so viel wert ist, wie oder sogar mehr als es kostet, sich einen Coach zu leisten, den Sie mögen und mit dem Sie den entscheidenden Schritt weiterkommen wollen. Die Alternative wäre wohl Nichtstun und abwarten.

Aber bekanntlich bringt das nur in eher seltenen Fällen das Ergebnis, welches Sie sich eigentlich erträumt hatten. Proaktiv das eigene Schicksal in die Hand nehmen heißt eben manchmal auch, professionelle Hilfe holen. Oft geht es ja darum, dass nicht alle Züge an einem vorbeifahren und man sich hinterher nur noch sagen kann: Pech gehabt, keiner hat angehalten.

Vielleicht muss man manchmal auf Züge auch aufspringen, zum richtigen Zeitpunkt, auf den richtigen Zug, der das richtige Ziel hat. Der Sprung ist seinen Preis wert. Und das Risiko ist geringer als durch einen Autounfall zu sterben.

20. Beim Coaching geht es um geheime neue Ausbeutungs- methoden und Psychotricks!

Gerade im betrieblichen Kontext sind die Vorurteile immer noch hartnäckig auf allen Seiten vertreten. Betriebsräte vermuten oft, die Unternehmensleitung würde Coaching z.B. Führungskräften bezahlen, weil diese dann das Neueste vom Neuen über psychologisch fundierte Ausbeutungsmethoden erführen. Klar, dass die dann hinterher noch mehr Druck auf die Arbeitnehmer ausüben oder einen Druck, den diese gar nicht spüren, weil sie so trickreich sind.

Unternehmensleitungen haben oft Bedenken, dass Coaching etwas ist, was doch der Mensch, in diesem Falle die Führungskraft oder der Mitarbeiter, „mit sich selbst" auszumachen hätte. Schließlich sei ein Betrieb ja keine beschützende Werkstatt oder eine Sozialberatungsstelle. Manche Bedenken gehen in die Richtung, dass die Mitarbeiter durch Coaching regelrecht aufgestachelt würden, weil es sie dann zu selbstständig mache.

Schade, dass es in solch einem Klima des ausgebauten gegenseitigen Misstrauens gar keinen Sinn hat, über die Vorteile des Coachings für beide Seiten zu sprechen. Wahrscheinlich ist hier auch sonst eine konstruktive, zielführende, erfolgreiche Kommunikation eher behindert.

Die Vermutung, es gehe um irgendwelche geheimnisvollen Psychotricks, mit denen die Mitarbeiter irgendwie manipuliert oder hintergangen würden, entsteht fast immer aus Unkenntnis oder aus ganz schlechten persönlichen Erfahrungen.

Die eigene Unkenntnis wird häufig gepflegt und geschützt durch grundlegende hartnäckige, weil Identität stiftende, unausgesprochene Regeln: „Bei uns gibt es solch ein Psychoblabla nicht, wir müssen nämlich arbeiten, wenn Sie verstehen, was ich meine…!"

Die schlechte Erfahrung wird evtl. gespeist aus Erlebnissen mit garstigen Eltern, rachsüchtigen, machthungrigen, vielleicht sogar sadistischen Lehrern, Möchtegern-Psychotherapeuten usw.

Oder eben solchen „Coaches", die ihren 1,5-tägigen Wochenendworkshop mit dem Titel „Coaching als Personalentwicklungsmaßnahme" als „Ausbildung" missverstanden haben und deswegen ihre Coachees gelegentlich im Regen des zusammengestotterten Beratungsfeuerwerks aus mehr oder weniger brauchbaren Ratschlägen stehen lassen müssen.

Schade, wenn die Folge dann ist, dass man als potenzieller Kunde aus lauter Angst vor Tricks nichts mehr lernen kann.

21. Minderleister schickt man zum Coach!

Ein guter Coach lässt sich selbstverständlich weder „Minderleister" noch andere Mitarbeiter „schicken". Manche Chefs versuchen dies ab und zu aus einer naiven Haltung heraus: „Wenn mein Auto kaputt ist, schicke ich es in die Werkstatt! Was spricht also dagegen, meinen Mitarbeiter zum Psychologen zu schicken, wenn er nicht mehr so will wie ich?!" Wozu sind die Psychos denn sonst da? Soll sich doch der Psychologe/Coach/Berater die Zähne ausbeißen. Wenn dem nichts mehr einfällt, dann schmeiß ich den eben raus.

Eigentlich erledigt sich dieser Punkt von selbst, aber da es eben immer wieder vorkommt, dass Führungskräfte „schwierige" Mitarbeiter zum Coach „in die Reparatur" schicken wollen, sei das Thema hier aufgegriffen.

Würden Sie sich zur Reparatur schicken lassen? „Um nichts in der Welt!", denken Sie sich jetzt vielleicht und haben recht damit! Vielleicht würden Sie unter ganz bestimmten Umständen den gut gemeinten Rat eines Freundes annehmen, zur Therapie zu gehen. Aber das Verhältnis zu Ihrem Chef ist in der Regel nicht geeignet, solche eine Anweisung ohne katastrophale Minderwertigkeitsgefühle und damit verbundener Frustration und aufkeimendem Widerstand klaglos und dann auch noch erfolgreich auszuführen.

Das ist ein Unding, was immer nur diejenigen bedenkenlos „normal" finden, die nicht persönlich betroffen sind.

Der Chef gibt in der schwierigen Situation seine Führungsverantwortung nach außen ab. Er entzieht sich. Er macht seinen Job nicht, und der Grund sind Sie! Gleichzeitig signalisiert er, dass er selbst Ihnen nicht mehr helfen kann (schlimm!) oder nicht will (noch schlimmer!). Da hilft dann auch kein externer Coach mehr. Dessen potenziell sinnvolle Dienstleistung verpufft unter solchen Voraussetzungen schlicht, wenn überhaupt etwas Sinnvolles zustande kommt.

Wenn Sie Glück haben, können Sie zu dem Coach eine kurze, aber effektive Beziehung aufbauen und dazu nutzen, möglichst schnell einen andern Chef zu finden.

Und Chefs gibt es bekanntlich wie Sand am Meer – das haben Sie mit dem Heer der Arbeitslosen gleich. Eine guten zu finden, ist zwar nicht ganz so einfach wie ein Sandkorn am Strand, aber es lohnt sich auf die Suche zu gehen. Manch einer findet erst durch die bewusste Suche das eine oder andere Stück Bernstein.

22. Wer gut zuhören kann, kann auch coachen!

Gut zuhören können ist eine Kunst, die nicht jeder beherrscht. Schon gar nicht das gezielte „aktive" Zuhören. Aber selbst, wer das kann, ist deshalb noch lange kein „geborener" Coach.

Die meisten Menschen haben nicht gelernt – wo sollten sie auch –, ihrem Gesprächspartner zu einer Lösung zu verhelfen, die letztlich von diesem selber entwickelt wird, und dazu z.B. die passenden zielführenden Fragen zu stellen.

Wir sind eher in einer Kultur groß geworden, die uns als Experten glauben macht, die Welt würde auf unsere Expertise warten. Führungskräfte werden, wie schon diskutiert, immer noch befördert, wenn sie fachlich brillieren und sind dann häufig mit der Führung selbst restlos überfordert. Abitur und ähnliche Abschlüsse macht man in Deutschland nach wie vor (wie fast überall auf der Welt) aufgrund prüfbaren Fachwissens. Ob einen das zum Studium und vor allem zu einer darauf basierenden späteren beruflichen Tätigkeit prädestiniert oder nicht, ist jedem selbst überlassen, für sich festzustellen. Jahrelange Beschallung mit Sendungen wie im NDR „Fragen Sie Dr. Markus!", Hunderte, ja Tausende von Quizsendungen, in denen man für das irgendwann abgespeicherte Wissen belohnt wird, sorgen dafür, dass wir glauben, ein guter Berater sei einer, der möglichst schnell die ideale Lösung produziert. Das ist bei einem Berater wohl auch so, wenn er gefragt wird, welches Material das stabilste ist, wenn jemand eine 12 Meter hohe Mauer bauen möchte. Ein Coach aber hat eine ganz andere Aufgabe: Er hat dafür zu sorgen, dass sein Kunde schließlich selber eine passable Lösung entwickeln kann, wie auch in diesem Bändchen schon mehrfach an anderer Stelle betont.

Dazu gehört ein tiefes Verständnis menschlicher Phänomene, eine gute Portion Wissen um psychopathologische Diagnosen und psychiatrische Phänomene. Und Methoden und Übung darin, andere dazu zu bringen, sich selber helfen zu können, ohne ihnen Lösungen überzustülpen. Und nicht nur bloßes Zuhören. Dass das bloße Suggerieren von Hilfe oder Entwicklung eine dringend notwendige Therapie verhindern kann und dadurch die Lage des Kunden eher verschlimmert als verbessert wird, ist zwar leicht nachvollziehbar. In einer solchen Coaching-Situation aber effektiv im Sinne des Kunden (!) handeln zu können, erfordert nicht nur Wissen, sondern auch sehr viel Erfahrung.

53

23. Coaching kostet zu viel Zeit!

Coaching kostet Zeit, das ist wohl wahr. Alles, was wir tun, kostet Zeit. Ja, sogar die Überlegung, ob wir etwas tun oder nicht, kostet Zeit. Und wenn wir nichts tun, kostet das auch Zeit. Und manchmal ist es eben so, dass wir laufend Zeit verbrauchen für Dinge, mit denen wir uns lieber überhaupt nicht beschäftigen möchten. Mit dem immer gleichen Ärger z.B. mit Abteilungsleiter Meierdiercks, der uns unsympathisch ist, der uns immer wieder regelrecht „Knüppel zwischen die Beine" wirft. Auf Meetings. Oder er verzögert für uns wichtige Informationen. Oder er braucht unerklärlich lange für die Beschaffung von Material, was wir immer wieder brauchen.

Was immer es ist, es kostet uns beispielsweise täglich 5 ärgerliche Minuten, in denen wir für etwas anderes blockiert sind, weil wir es anderen erzählen, weil wir regeln müssen, was er nicht geregelt bekommt, weil wir hinterherlaufen müssen, worüber wir uns wieder ärgern. Außerdem sieht es gegenüber unserem Chef nicht besonders gut aus, dass dieser Ärger nicht abgestellt wird.

Unsere Mitarbeiter belächeln uns vielleicht schon. Man könnte nun die Zeit rechnen und überlegen, wie viele Arbeitstage hat das Jahr, an denen wir uns jeweils 5 Minuten ärgern … Wir kämen schnell auf eine Rechnung, die uns vor Augen führt, dass ein paar Stunden Coaching eine lohnende Investition sind, wenn sie dazu dienen, solch ein Problem abzustellen. Dazu kommen Nebeneffekte, die man nur schwer in Zeit und Geld ausdrücken kann: Unser Verhaltensrepertoire wird reicher, um nur ein Beispiel zu nennen.

Unsere Wahrnehmung für zwischenmenschliche Phänomene wird trainert. Unsere Problemlösekompetenz steigt. Wir lernen, unsere vorhandenen Ressourcen wirk-lich zu nutzen.

Als Investition betrachtet, ist Coaching nicht zu zeitaufwendig. Es kommt darauf an, welche Effekte ich tatsächlich mit dem Coaching anstrebe und natürlich, ob sie entstehen und wie stark sie tatsächlich sind. Das ist so wie bei jeder Investition.

Um endgültig zu belegen, ob sich ein Coaching „gelohnt" hat, hilft also – wie immer – nur eine sorgfältige Nachkalkulation.

Und die kann man nur machen, wenn im Betrieb die Bedingungen und Effekte von Arbeit und zwischenmenschlicher Kommunikation so transparent sind, dass man sie überhaupt erfassen kann. Und genau das ist häufig nicht der Fall.

24. Coaching ist schön, bringt aber keinen Mehrwert für das Unternehmen!

Coaching bringt nur einzelnen Führungskräften oder Spezialisten etwas, aber wohl kaum dem Unternehmen! Das ist richtig. Es stimmt sogar, dass das Coaching einer Führungskraft dem Unternehmen absolut nichts bringt und auch nicht bringen soll. Die Dienstleistung Coaching ist nämlich dafür gedacht, dass beispielsweise die Arbeit für einen Manager nicht mehr nur einen starken Belastungsfaktor darstellt, weil er sich in einem Dauer-Clinch mit einem Kollegen befindet, der ihm sämtliche Energie raubt. Das kann beispielsweise dazu führen, dass er immer mehr

und größere Fehler macht, nicht mehr souverän entscheidet und in immer mehr alltäglichen (Führungs-)Handlungen vom Kollegenstreit beeinflusst und behindert wird und immer weniger im Sinne seiner eigentlichen Aufgabe wirksam werden kann.

Und hier kommt auch schon das Unternehmen wieder ins Spiel. Das Unternehmen ist der mittelbare Nutznießer des Coachings, wenn dies dazu führt, dass der Manager wieder besser arbeiten kann, keine Energie mehr in Streitigkeiten verschwendet, er sich stärker engagiert und mit Freude zur Arbeit kommt, anstatt jeden Morgen zu überlegen, ob er nicht lieber zum Arzt gehen sollte statt zur Arbeit.

Der Coachee profitiert direkt, das Unternehmen indirekt. Das ist im Übrigen bei allen Personalentwicklungsmaßnahmen der Fall. Denn das Unternehmen hätte ja auch nichts davon, lauter gut und bestens ausgebildete Menschen zu beschäftigen, wenn diese ihre Kompetenzen gegen das Unternehmen verwenden würden oder aus der inneren Kündigung heraus Dienst nach Vorschrift tun.

Je geheimnisvoller mit dem Phänomen Coaching umgegangen wird, desto riskanter ist die Methode für das Unternehmensklima. Wenn Mitarbeiter davon ausgehen müssen, dass auf der Leitungsebene irgendwelche unbekannten Rituale und mystischen Dinge aus einer anderen (Geheim-)Welt an der Tagesordnung sind, werden sie sich zur Wehr setzen. Jedenfalls, wenn sie als Menschen „normal" – also erwartungsgemäß – funktionieren.

Mit destruktiven Gerüchten, die keine Führung der Welt mehr stoppen kann. Denn eins ist klar: die Kunst der sozialen Erpressung und/oder Nötigung, der gezielten Gruppenbildung, um bestimmte Ziele zu erreichen usw., beherrschen nicht nur die, die sich an der Macht wähnen. Und dann geht Coaching zuungunsten des Unternehmens aus.

25. Der Coach kann nicht helfen, wenn er nicht die passende Branchenkenntnis hat!

Ein Coach sollte in der Tat Kenntnis haben, nämlich von seiner eigenen Branche: dem Coaching. Er sollte eine ausgebaute Kenntnis von Coaching-Methoden und deren Verwurzelung in der Psychotherapie haben. Er sollte souverän seine eigenen Stärken und Schwächen kennen, damit er sie aus dem Coaching-Prozess heraushalten kann bzw. nicht, ohne es zu merken, eigene Empfindlichkeiten über Gebühr ins Coaching einbringt.

Wenn der Kunde ein branchenspezifisches Problem hat, beispielsweise mit einer bestimmten Maschine oder einer Software, braucht er keinen Coach, sondern einen Fachmann für Maschinenbau oder einen IT-Spezialisten.

Also existiert das Problem überhaupt nicht?

Doch, für die Akzeptanz des Coaches ist es wichtig, dass er sich auskennt. Will er einen (Top)Manager coachen, dann ist es unerlässlich, dass der Coach dessen Erlebniswelt kennt. Aus eigener Erfahrung, oder wenigstens längerer eigener und intensiver Anschauung. Wenn jemand, dessen einzige Berufserfahrung bisher die Drogenberatungsstelle Norderfiederbrücken war, dann reicht das nicht aus, um auf Akzeptanz und ein Coaching auf gleicher Augenhöhe in der Leitung eines internationalen Konzerns zu hoffen.

Von Weltanschauungen oder anderen grundsätzlichen Erwägungen einmal ganz abgesehen. Anfang der Neunziger des letzten Jahrhunderts erfuhren viele sehr gut qualifizierte klinisch arbeitende Diplom-Psychologen, wie hoch Honorare in der bis dato verschmähten und verachteten „freien Wirtschaft" sein können und mutierten teilweise schlagartig zu Management-Coaches. Viele von Ihnen sind gescheitert, weil sich gesunde, erfolgreiche Manager verständlicherweise im beruflichen Kontext nicht wie Patienten behandeln ließen, wenn es z.B. um Führungsproblematiken ging. Auf eine einfache Formel gebracht: Jeder sei Fachmann für seine eigene Branche: Der Coachee für seine, der Coach für seine. Gibt es eine überlappende gemeinsame Erfahrungswelt, dann kann Coaching funktionieren!

Wenn Sie als Kunde merken, dass der Coach unter dauernden Fehlern Ihre Fachsprache nachplappert, suchen Sie sich einen neuen. Er versteht SEIN Fach nicht. Merken Sie als Coach, dass Sie der Kunde nicht akzeptiert, weil Sie seine Sprache nicht sprechen, schicken sie ihn zu einem Coach, der es besser versteht.

Die nackte Wahrheit

Coaching ist das Gespräch eines Menschen, der sich Coach nennt, mit einem Menschen, der sich Kunde, Coachee, Ratsuchender oder ähnlich nennt, über etwas, was der Kunde beklagt. Unverzichtbare Elemente eines Coachings:
⇨ Ein Kunde, der Unterstützung sucht ⇨ Ein Coach, der durch Coachingverhalten Unterstützung geben möchte ⇨ Ein Gespräch über das Thema des Coachings ⇨ Ein Ziel, das erreicht werden soll ⇨ Eine Möglichkeit, feststellen zu können, ob das Ziel erreicht wird ⇨ Eine Einigung über die Gegenleistung für das Coaching ⇨ Ein oder mehrere Termin(e), an denen Coach und Coachee diese Gespräche führen möchten ⇨ Ein Ort, an dem dies geschieht ⇨ Kompetenz und Ressourcen auf Seiten des Kunden ⇨ Kompetenz und Ressourcen auf Seiten des Coaches.
Nach dem Motto: „Vier Augen sehen mehr als zwei!", wenn der Coach die richtigen Fragen stellt, in einer passenden Mischung aus Nähe und Distanz, Kenntnis der Umstände seines Kunden und nicht vorhandener Betriebsblindheit, bei einem Sympathieverhältnis, das für genau dieses Setting ausreicht, und gegenseitiger Akzeptanz, die ein konstruktives Gespräch auf Erwachsenen-Ebene möglich macht. Wenn der Coach seine Coaching-Kompetenz und der Coachee seine eigenen Kompetenzen nutzen kann, kann sich eine Situation ergeben, die es dem Kunden ermöglicht, für sich persönlich hilfreichere Handlungsmöglichkeiten zu konstruieren[4], als er vorher hatte oder nutzen konnte.
In vielen Fällen wird das so sein, in einigen nicht.
In der Regel wird der Coach bemüht sein, die bereits vorhandenen Ressourcen und Kompetenzen des Coachee mit diesem gemeinsam für sein aktuelles „Problem" nutzbar zu machen. Getreu dem Motto: Jedes Problem enthält seine Lösung, man muss sie nur noch umsetzen. Auch wenn es manchmal nicht so einfach ist, wie es hier klingt.
Und das sollte nachvollziehbar sein. Für beide Seiten. Coaching ist alles andere als mysteriös. Coaching ist eine Möglichkeit, nicht alleine auf seinem Problem sitzen zu bleiben. Nicht mehr und nicht weniger.

---

[4] Ganz im Sinne radikal-konstruktivistischer Gedanken wie die Heinz von Foersters oder Ernst von Glasersfelds beispielsweise.

Literatur:

Dembkowski, Dr. Sabine: **Executive Coaching - die 7 größten Vorurteile**. Auf: www.coaching-magazin.de (Christopher Rauen)

Foerster, Heinz von; Glasersfeld, Ernst von: **Wie wir uns erfinden. Eine Autobiographie des Radikalen Konstruktivismus**, Carl-Auer-Systeme Verlag, 1999

Haan, Erik de: **Die zehn Gebote: Was ein Coach von der Therapie-Forschung lernen kann**, in: *Wirtschaftspsychologie aktuell*, 2/2008, Seite 34-38

Händeler, Erich: **Kondratieffs Welt. Wohlstand nach der Industriegesellschaft**, Brendow, 2005

Hargens, Jürgen: **Bitte nicht helfen, es ist auch so schon schwer genug, (K)ein Selbsthilfebuch**, Carl-Auer-Systeme Verlag, 5. Auflage 2000

Mücke, Klaus: **Probleme sind Lösungen**. Klaus Mücke Öko-Systeme Verlag, zweite Auflage 2001

Scheer, Heinz-Detlef: **Wie ich werde, was ich bin. (Selbst-) Coaching für hochbegabte Erwachsene**. MV-Wissenschaft, 2010

Bisher in dieser Reihe erschienen:

Heinz-Detlef Scheer
25 beliebte Mythen zum Thema Hochbegabung … und die nackte Wahrheit
ISBN 978-3-8391-1415-5, BoD, 2009, € 6,90

Alles über den Realitätsgehalt immer wieder vorgebrachter und wiederauferstehender Mythen und Vorurteile über Hochbegabte und deren angeblich seltsame Eigenschaften und Verhaltensweisen.

Außerdem zum Thema Coaching:

Heinz-Detlef Scheer
Wie ich werde, was ich bin.
(Selbst-)Coaching für hochbegabte Erwachsene.
MV-Wissenschaft, ca. 335 Seiten, ca. € 22,90

Lieferbar ab ca. Februar 2010. Alle, die sich für Hochbegabung und/oder (Selbst-)Coaching interessieren, können von diesem Buch profitieren. **Cornelia Hegele-Raih, Redakteurin des *Harvard Business Manager* zu diesem Buch:**

„(…) In einem durchweg verständlichen und mit einem Augenzwinkern geschriebenen Parforceritt beantwortet Scheer letztlich Fragen, die sich nicht nur Hochbegabte, sondern wir alle uns stellen: Was sollen oder können wir auf diesem Planeten eigentlich erreichen? Wie bringen wir unsere PS endlich auf die Straße? Wie werden wir zufriedener? Und so können auch ganz normale Leute aus diesem Buch viel lernen: für die eigene Karriere. Über das Coachen von hochbegabten oder anders begabten Menschen oder über das Menschsein an sich.‟

Buchhandlung Sattler

Zu beziehen (Lagertitel) über Buchhandlung Sattler (0421-72228 oder BuchhandlungSattler@t-online.de) oder über jede andere Buchhandlung zu bestellen.